S0-AUK-000

REDUCIR, REUTILIZAR, RECICLAR

AUTORES Anna Nolla / Susanna Arànega / Joan Portell
EDICIÓN Y CONCEPCIÓN GRÁFICA Gemma Roset

RÍOS, BOSQUES, AIRE, MAR Y TIERRA FORMAN EL MEDIO
EN QUE VIVIMOS; POR ELLO LO CUIDAMOS.

CONTAMINACIÓN

A VECES HACEMOS COSAS QUE CONTAMINAN
Y DAÑAN EL MEDIO.

TIERRA

AIRE

AGUA

S x 628 N793

2 LA ENERGÍA

OBTENEMOS DE LOS ALIMENTOS Y DE LA LUZ
DEL SOL LA ENERGÍA NECESARIA PARA VIVIR.

COMER

GASÓLEO

GAS

PARA USAR EL COCHE,
TENER LUZ O COCINAR USAMOS
OTRAS CLASES DE ENERGÍA.

ELECTRICIDAD

ELECTRICIDAD

EL USO DE ALGUNAS DE ESTAS
ENERGÍAS CONTAMINA.

3 LAS ENERGÍAS RENOVABLES

HAY FORMAS DE HACER ENERGÍA QUE NO CONTAMINAN,
PORQUE USAN LA FUERZA DEL AGUA, EL VIENTO O EL SOL.

AGUA – ENERGÍA HIDRÁULICA

PRESA

MOLINO
DE VIENTO

PLACAS SOLARES

VIENTO – ENERGÍA EÓLICA

SOL – ENERGÍA SOLAR

A ESTAS ENERGÍAS
SE LAS LLAMA
ENERGÍAS RENOVABLES.

PARA CONSERVAR EL MEDIO USAMOS SÓLO LA ENERGÍA
NECESARIA. APAGAMOS LA LUZ, LLENAMOS LA LAVADORA...

LAVADORA LLENA

APAGAMOS LAS LUCES

APAGAMOS CON
EL INTERRUPTOR

BOMBILLA DE BAJO CONSUMO

ELECTRICIDAD Y EL PETRÓLEO

SI VAMOS A PIE, EN BICICLETA O TRANSPORTE PÚBLICO, CONTAMINAMOS MENOS.

METRO

BICICLETA

AUTOCAR

COCHE

5 REDUCIR EL CONSUMO:

TODOS NECESITAMOS AGUA PARA VIVIR;
POR ELLO, NO LA ENSUCIAMOS NI MALGASTAMOS.

DETERGENTE

ACEITE

EL AGUA

SI NOS DUCHAMOS, AHORRAMOS MÁS AGUA
QUE BAÑÁNDONOS.

HAY QUE CERRAR EL GRIFO

6 CONSUMO RESPONSABLE:

CUANDO USAMOS SÓLO LO QUE NECESITAMOS
HACEMOS UN CONSUMO RESPONSABLE.

FABRICAR LO QUE COMPRAMOS
CONSUME ENERGÍA.

RESIDUOS

CESTA Y CARRITO

NO COMPRAMOS
PORQUE SÍ.

EL PLÁSTICO Y EL PAPEL

USAMOS PAÑUELOS DE TELA, EVITAMOS EL PLÁSTICO
Y APROVECHAMOS EL PAPEL.

PAÑUELO DE TELA

PAÑUELO DE PAPEL

TRONCOS
PARA HACER
PAPEL

USAMOS EL PAPEL
POR LOS DOS LADOS

BOLSAS DE PLÁSTICO

7 REUTILIZAR: LA ROPA,

CUANDO LA ROPA NOS VA PEQUEÑA, NUESTROS HERMANOS O AMIGOS PUEDEN APROVECHARLA.

MUÑECO HECHO
CON ROPA USADA

LOS LIBROS Y LOS JUGUETES

CUIDAMOS LOS LIBROS PARA PASARLOS A NUESTROS
HERMANOS O INTERCAMBIARLOS CON LOS COMPAÑEROS.

ARREGLAMOS Y LAVAMOS LOS JUGUETES.

MUCHOS OBJETOS PUEDEN VOLVER A USARSE
SI LES DAMOS OTROS USOS.

GUARDALÁPICES

MACETA

CAJA DE HILOS

JUEGO DEL TELÉFONO

OTROS USOS

REUTILIZAMOS LOS TARROS DE VIDRIO, LAS OLLAS, LAS CAJAS O LAS RUEDAS DE GOMA.

MUÑECOS HECHOS CON ROPA VIEJA

COLUMPIO

TARROS PARA GUARDAR COSAS O PARA CONSERVAS

9 RECICLAR: PAPEL Y

EL PAPEL Y CARTÓN USADOS SE PUEDEN
RECICLAR. PARA ELLO LOS TIRAMOS
AL CONTENEDOR AZUL.

PAPEL

CONTENEDOR AZUL

HACEMOS PAPEL

VIDRIO

EL VIDRIO TAMBIÉN PUEDE RECICLARSE,
DEPOSITÁNDOLO EN EL CONTENEDOR VERDE.

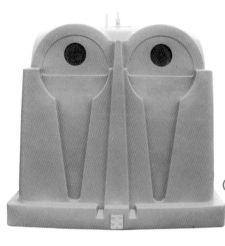

CONTENEDOR VERDE

VIDRIO

VIDRIERO

10 RECICLAR: PLÁSTICO,

EL PLÁSTICO Y EL METAL TAMBIÉN SE RECICLAN.
LOS DEPOSITAMOS EN EL CONTENEDOR AMARILLO.

CONTENEDOR AMARILLO

PLÁSTICO

METAL

LAS PILAS SE
RECICLAN APARTE

METAL Y RESTOS DE COMIDA

ECHAMOS RESTOS DE COMIDA Y RESIDUOS ORGÁNICOS
AL CONTENEDOR MARRÓN. CON ELLO SE HACE COMPOST.

CONTENEDOR
MARRÓN

RESIDUOS ORGÁNICOS

COMPOST – ADOBO

REDUCIMOS, REUTILIZAMOS Y RECICLAMOS
PORQUE LA TIERRA ES NUESTRO HOGAR Y LA QUEREMOS.

ESTE PROYECTO HA SIDO ELABORADO POR EL EQUIPO PEDAGÓGICO Y EDITORIAL DE TEXT-LA GALERA
Coordinación del proyecto: **Àngels Farré** Coordinación pedagógica: **Anna Canals** Dirección: **Xavier Carrasco**
Dirección de la Galera: **Lara Toro**

Primera edición: junio del 2008 • Diseño gráfico: Endora disseny • Maquetación: Montserrat Estévez

Fotografías: AbleStock (Arjun Kartha, Scol22, Davide Guglielmo, Dora Pete, Dominic Morel), AGE, C.P. Talaiot (S'Illot-Manacor), Fotolia, Stock.xchng

© 2008, Susanna Aránega, Joan Portell, por el texto • © 2008, Enciclopèdia Catalana, SAU, Josep Pla, 95, 08019 Barcelona

www.editorial-lagalera.com • lagalera@grec.com

Impresión: IG Ferré Olsina, Viladomat, 158-160, 08015 Barcelona • ISBN: 978-84-246-3016-4 • Depósito legal: B-26.252-2008